PRÉSERVATIF

TOUT PUISSANT

CONTRE LES ASSERTIONS FUTURES

DE

M. BRICOGNE AINÉ.

DE L'IMPRIMERIE DE CONSTANT-CHANTPIE,
Rue Sainte-Anne, N° 20.

PRÉSERVATIF

TOUT PUISSANT

CONTRE LES ASSERTIONS FUTURES

DE

M. BRICOGNE AINÉ.

Ingratum opus aggredior.
Je prends la plume malgré moi.

PARIS,

CHEZ BÉCHET AINÉ, LIBRAIRE,

QUAI DES AUGUSTINS, N° 57.

ET CHEZ DELAUNAY, LIBRAIRE, PALAIS-ROYAL.

1822.

PRÉSERVATIF

TOUT PUISSANT

CONTRE LES ASSERTIONS FUTURES

DE

M. BRICOGNE AINÉ.

Ingratum opus aggredior.
Je prends la plume malgré moi.

M. BRICOGNE après avoir subi à Marseille un jugement humiliant, au lieu d'éviter tout ce qui pourrait lui donner de l'éclat, a publié dans des Journaux, une lettre où il s'efforce de prendre un air de triomphe et un ton de défi. Quelque pénible qu'il soit de se commettre en public, il est des momens où l'honneur commande de vaincre toute répugnance, et de ne point considérer ni quel est l'adversaire qui nous provoque, ni quelle est l'arène où il nous fait descendre. Je vais donc suivre M. Bricogne dans la sienne. Si quelque chose adoucit les chagrins que cette lutte me cause, c'est la conviction profonde où je suis qu'elle sera utile au public. M. Bricogne l'occupe dépuis si long-temps de ses querelles, qu'on me saura gré d'avoir mis un terme à leur scandaleuse rumeur. Désormais tout homme qu'il oserait attaquer sera dispensé de lui répondre : il suffira pour le réduire au silence de produire un exemplaire de la correspondance que sa conduite me force de mettre au jour.

AU RÉDACTEUR DU *MERCURE MARSEILLAIS.*

Marseille, le 13 mars 1822.

Monsieur,

Je reçois en même-temps votre journal d'aujourd'hui, contenant l'extrait du jugement du tribunal civil de Marseille, du 2 de ce mois, *conforme aux conclusions que j'avais prises et aux offres que j'avais faites,* de quitter la maison de M. Collot, avant le 15 mars, et le Constitutionnel du 7 mars, dans lequel M. Collot a fait insérer une lettre à propos d'un article de votre journal du 27 février.

Je vous remercie de l'insertion du jugement, et j'attends de votre impartialité que vous voudrez bien insérer la réponse ci-après, que j'ai envoyée aux journaux de Paris.

J'ai appris à Marseille, par le Constitutionnel et le Courrier, du 7 mars, que M. Collot, mon prédécesseur à la recette générale du département des Bouches-du-Rhône, avait cru devoir entretenir le public d'un procès ridicule qui m'a été suscité ici par son fondé de pouvoir. Le ton solennel et menaçant qui règne dans sa lettre, ne me permet pas de la laisser sans réponse. Elle sera courte et précise.

Je partis de Paris en parfait accord avec M. Collot, ayant loué, ou croyant avoir sa maison au prix de six mille francs par an !

Il n'existe pas à Marseille un seul loyer de ce prix !

Je fus reçu et installé dans la maison que j'avais louée ; mais je ne gardai pas à mon service le fondé de pouvoir de M. Collot.

Après six semaines d'occupation, tant par mes bureaux,

que par moi-même, je reçus le lundi-gras, ma sommation en DÉGUERPISSEMENT.

Je plaidai moi-même *cette véritable cause de Carnaval, et après avoir établi mon droit* et dévoilé les causes de ces tracasseries insensées, j'offris de quitter la maison le 15 mars; ce que j'ai effectué dès le 10 mars.

Voilà tout le procès, sauf les fables que le fondé de pouvoirs de M. Collot paraît lui avoir écrites, et qu'il a adoptées avec une crédulité peu commune.

Bien libre à M. Collot, *de faire imprimer un mémoire sur ce procès ; il aura de la peine à le rendre sérieux.* Quant à moi, je me bornerai à *mettre par écrit le plaidoyer et les repliques que j'ai prononcées à l'audience, au risque de faire de nouveau rire à ses dépens et aux miens.*

J'ai l'honneur de vous saluer avec une parfaite considération, Monsieur, votre très-humble et très-obéissant serviteur.

BRICOGNE aîné.

RÉPONSE DE M. COLLOT,

Envoyée au Journal des Débats *et à plusieurs autres journaux.*

M. Bricogne affirme que le tribunal de Marseille a reconnu ses droits et adopté ses conclusions. C'est une vérité; mais pour être appréciée, elle a besoin d'un léger commentaire; je vais le donner.

Avant de partir de Paris pour Marseille, M. Bricogne

m'avait prié de lui permettre de descendre chez moi et d'y passer quelques jours; je le lui permis. A peine a-t-il le pied dans ma maison qu'il s'en empare, en chasse M. Delpech, mon représentant, et y commet une foule d'actes, qu'on nommerait extravagans s'ils n'étaient trop coupables. M. Delpech veut y mettre un terme. Il somme juridiquement M. Bricogne de déguerpir. M. Bricogne répond qu'avant son départ, je lui ai passé un bail verbal de ma maison; que tout ce qu'il y a fait, il avait droit de le faire. M. Delpech m'instruit de cette fable; je lui fournis aussitôt les moyens de la faire punir.

Un procès s'engage. M. Bricogne comparaît à l'audience, armé de son bail verbal. Mon défenseur démontre l'inanité de cette défense. M. Bricogne persiste : la cause est remise.

Audience nouvelle : M. Bricogne s'y retranche derrière le même argument. Réfutations plus graves de mon défenseur; tenacité plus forte de M. Bricogne : seconde remise.

Dernière audience. Mon défenseur y presse M. Bricogne de se rétracter. « Je puis, lui dit-il, réfuter vos assertions d'une manière victorieuse, je m'en abstiens par égard pour vos fonctions. Dans quelle situation tomberiez-vous, si on venait à découvrir que vos assertions sont mensongères? Croyez-moi, rétractez-vous : la démarche est pénible, mais la sagesse la conseille et la justice la commande. » M. Bricogne méprise cet avis protecteur, il affirme avec plus de force en face de l'auditoire le plus nombreux, le plus imposant, que je lui ai loué verbalement ma maison. Fatigué de tant d'effronterie, mon défenseur produit la correspondance de M. Bricogne et la mienne. Il lit les passages qui prouvent que chaque assertion de M. Bricogne était un mensonge. A cette lecture ce receveur tombe confondu. Il prie mon défenseur de ne point la poursuivre. Un murmure d'indignation s'élève du sein de l'assemblée, il s'y prolonge et, quoique non articulé, M. Bricogne y entend distinctement l'arrêt humiliant qu'il doit subir. Le tribunal en renvoie le prononcé au lendemain.

En l'état de la cause, les motifs du jugement devaient être pour M. Bricogne une tache ineffaçable. Par égard pour l'administration à laquelle il appartient, on voulut lui donner le temps de venir à résipiscence, et de prévenir ces motifs. Il en profita.

Dès le lendemain, il fit signifier, ce qu'en termes de palais on nomme *expédient*. Par cet acte, il réformait ses conclusions et adoptait les miennes. Le tribunal accueillit cette dernière demande qui, mettant d'accord les parties, le dispensait de motiver son jugement.

M. Bricogne a donc dit une vérité en affirmant qu'on avait fait droit à sa demande et adopté ses conclusions. Mais on conviendra, sans doute, que cette vérité avait besoin de mon commentaire. Je me flatte que M. Bricogne n'en exigera par un nouveau.

Il me reste à relever quelques expressions de sa lettre.

Il appelle cette cause, une cause de carnaval! J'avoue, M. Bricogne, que vous y avez mis beaucoup de déguisement; mais le jugement a fait tomber tous les masques. Quelle figure lorsqu'on vit tomber le vôtre!

Vous prétendez que j'aurai de la peine à publier un mémoire sérieux sur cette affaire. Ma réponse actuelle prouve que cette tâche ne sera point difficile. Voulez-vous des preuves plus fortes ? Lisez les réserves qui m'ont été accordées, lisez la plainte portée à M. le procureur du Roi; n'est-ce pas assez? Eh bien! je produirai la lettre insérée dans tous les journaux de Marseille, le 19 de ce mois.

Vous nous menacez de publier votre plaidoyer. Je vous y invite. Promettez-nous seulement qu'il sera fidèle, mais présentez caution : il est permis aujourd'hui d'en exiger une de vous.

Vous le publierez, dites-vous, au risque de faire rire à vos dépens et aux miens ? prenez-y garde ; on ne voit encore aucun rieur de votre côté.

Permettez qu'avant de finir, je vous donne un petit avis.

Vous menacez sans cesse de votre plume, comme Sacripant menaçait de sa flamberge. J'avoue que votre plume a quelque chose d'effrayant ; elle intervient dans tant de querelles, avec tant de pétulance, tant de travestissemens, tant de fiel, que la plupart des hommes paisibles que vous avez attaqués, ont dédaigné de descendre avec vous dans l'arène, et ont laissé un libre cours à vos explosions. Le ciel m'a doué de moins d'abnégation et de patience. Je vous déclare donc que chaque libelle que vous ferez paraître, recevra de moi une réponse. Celle-ci vous en fait présager le ton et la couleur.

Nota. Les deux lettres suivantes sont celles qui ont été produites à l'audience, et qui ont prouvé la fausseté des assertions de M. Bricogne.

LETTRE DE M. BRICOGNE.

Marseille, le 3 février 1822.

§ I. Votre successeur, installé dans votre maison et au milieu de vos meubles, vous doit d'abord des remerciemens. (*a*).

§ II. Et par suite un compte sommaire de ce qu'il a fait et de ce qu'il a vu faire chez vous. Je ne sais si ce compte sera d'accord avec les rapports journaliers que M. Delpech a dû vous faire, ni jusqu'à quel point il en différera : mon seul but est de vous présenter les faits tels qu'ils se sont passés, les choses telles que je les ai vues, afin de m'entendre avec vous sur quelques points plus ou moins importans.

§ III. J'ai l'honneur de vous remettre ci-jointe la note des meubles que j'ai pris, aux prix fixés par vous à M. Delpech. Je la lui ai remise depuis plusieurs jours; je lui ai proposé de la signer, et rien encore n'a été fait. Comme il m'importe de finir quelque chose, et

(*a*) Il sentait donc bien qu'il n'était pas chez lui.

REPONSE DE M. COLLOT.

Paris, le 10 février 1822.

Je reçois la lettre que vous m'avez fait l'honneur de m'écrire le 3 février. Dans la crainte que vous n'en ayiez point gardé copie, je la fais transcrire ici à mi-marge, afin que vous puissiez vous convaincre que je n'en laisse pas un seul paragraphe sans réponse (*a*).

§ 1er. J'aurais reçu avec plaisir les remerciemens que vous reconnaissez me devoir, quoique tardifs (*b*); mais j'en ai vainement cherché l'expression dans votre lettre. Quoiqu'elle remplisse 8 pages, je n'ai pas été assez heureux pour l'y découvrir. Le sentiment qui a dicté cette lettre m'explique cette inadvertance.

§ II. Je voudrais pouvoir vous remercier des comptes que vous prenez la peine de me rendre, mais je n'avais pas réclamé ce soin. Je vous avais même dit que mon fondé de pouvoirs avait toute ma confiance, et je vous ai prouvé qu'il la méritait. Vous auriez dû prévoir, dès-lors, que si votre rapport était en contradiction avec le sien, la justice me commandait d'ajouter plus de foi à un homme éprouvé chaque jour depuis huit ans, qu'à une personne qui se charge d'une mission pénible qui devait lui rester étrangère.

§ III. M. Delpech a déjà dû vous dire que je suis résolu à ne vendre aucun de mes meubles. Je vous confirme cette résolution.

(*a*) Je ne voulais point qu'il pût produire ma lettre sans la sienne; déjà l'on m'avait appris à le connaitre.

(*b*) Il était chez moi depuis 10 jours, sans m'en avoir remercié.

de savoir à quoi m'en tenir, je vous prie de me faire connaître si vous consentez à me céder ces meubles, aux prix de votre note, rappelés dans celle ci-jointe. Quant à l'estimation du surplus, je ne cesse de presser M. Delpech de la commencer; il ne commence ni ne finit rien. Je les prends tous, sauf à revendre ceux qui feraient double emploi, ou ne me seraient pas nécessaires. (*b*).

§ IV. Les beaux et anciens meubles, auxquels vous avez assigné des prix élevés, ne pourraient me convenir, parce qu'ils s'éloignent trop des modes actuelles, et que leurs formes et leurs prix n'étaient en rapport ni avec mon goût ni avec ma fortune.

§ V. J'ai pressé l'emballage; il n'est pas encore terminé. J'ai vu avec regret qu'il était mal exécuté, et que l'on vous envoyait des objets sans valeur; mais on n'a eu aucun égard à mes observations. On m'a objecté vos ordres précis sans me les communiquer, et qu'au surplus je n'ai jamais demandés. Quand je suis arrivé, la galerie, la salle à manger et le boudoir étaient transformés en atelier d'emballage, pleins de poussière, de paille et de ballots. Il a fallu me fâcher pour qu'on n'en fît pas autant du salon.

§ VI. Il me semble qu'on aurait dû emballer dans le jardin et emmagasiner dans les remises et écuries. Il paraît que l'on a emballé beaucoup de meubles appartenant à la maison, entre autres le meuble de la galerie, des bronzes et pendules. D'après la note que vous

(*b*) Il voulait tout prendre sur l'estimation, mais à condition qu'il ne prendrait aucun des meubles dont l'estimation lui paraîtrait

§ IV. Ces lignes ne sont-elles pas un peu en contradiction avec celles qui précèdent?

§ V. Je suis étonné que vous ayez pris la peine de vous fâcher pour faire disposer mon salon à votre guise; mais je suis plus fâché encore de ne pas m'être trouvé chez moi pour vous calmer : un mot aurait suffi. Je vous aurais représenté que vous étiez chez moi, non chez vous; que la bienséance devait vous porter à vous contenter des pièces que je pouvais vous laisser occuper, ou chercher ailleurs un logement plus commode. J'ai reproché à M. Delpech de ne vous avoir pas averti de votre véritable position, comme je l'aurais fait moi-même.

§. VI. Cet arrangement a pû vous paraître plus commode pour vous; il l'était moins pour moi. Avant d'exiger tant de frais, et le sacrifice de mes commodités aux vôtres, n'aurait-il pas été plus convenable d'en acquérir le droit; de savoir surtout si je voulais vous le donner? Je suis d'autant plus surpris que vous ayez voulu vous l'arroger, que mes meubles emballés n'occupaient que trois

m'aviez communiquée, et où vous portiez le prix de ces meubles dans la valeur de la maison, il n'était pas sans doute dans votre intention que ces meubles vous fussent retirés et expédiés. Il en résulte un dommage notable, car d'aussi vastes appartemens dégarnis de meubles effraieront *les locataires ou acquéreurs* (c), et ces meubles déplacés perdent beaucoup.

---

trop forte. Ce sont ces conditions ridicules qui avaient décidé M. Delpech à renoncer à toute négociation. Pour justifier M. Delpech, je dois donner une légère idée des propositions de M. Bricogne. C'est M. Delpech qui va parler :

« Pour vous donner une idée des propositions ridicules de cet
« homme, je vais vous rapporter les dernières qu'il m'a faites.
« Il veut bien prendre pour 700 fr. le tapis neuf de votre cham-
« bre, qui en a coûté 1,200; il prendra aussi le bois et le charbon
« qui sont dans vos caves, au prix coûtant sur le port ; mais at-
« tendu que tout cela ne lui servira pas beaucoup cette année, il ne
« veut les payer que l'hiver prochain. Il prendra aussi les papiers,
« les registres et les provisions de bureau, récemment arrivés de
« Paris, pour le service de la recette générale, pendant l'année
« courante, mais vous en attendrez le paiement jusqu'à la fin de
« l'année, parce que, dit-il, le ministère peut apporter quel-
« ques changemens aux formes et aux protocoles ; et dans ce cas,
« il veut que ce soit vous qui en supportiez la perte plutôt que
« lui. Il m'en a fait de plus extravagantes que je rougirais de
« vous rapporter, mais vous les trouverez dans la note ci-jointe,
« qu'il m'a lui-même remise. Quel homme nous a-t-on envoyé?
« Si je ne respectais pas votre recommandation, depuis trois
« jours je l'aurais mis nu à la porte, comme il nous est venu.
« Imaginez un receveur général sans un seul domestique ;
« il se fait servir par les vôtres, qui ne peuvent plus y tenir.
« L'un d'eux me disait : Je ne suis plus surpris qu'il soit venu
« seul, personne n'aura voulu le servir »

(c) Il n'y avait donc pas encore de locataire.

pièces qui ne vous sont point nécessaires; que ma maison est une des plus spacieuses de la ville, et que vous y êtes arrivé seul, même sans un domestique.

J'ai pensé, monsieur, qu'il vous convient autant qu'à moi, de me louer votre maison jusqu'à la St.-Michel prochain; mais il reste à fixer le prix et l'époque de ma jouissance. Je ne suis en possession que des bureaux, de la caisse, du cabinet et d'une ou deux chambres au premier : vos meubles et vos ballots occupent le surplus. Vos voitures sont dans les remises; la cour, le jardin et toute une aîle sont en réparations ou en décombres, les caves pleines de votre bois. Je vous prie de donner l'ordre à M. Delpech, de faire évacuer la maison et mettre les différentes pièces en état d'être occupées.

§ VII. Je désire, pour votre garantie comme pour la mienne, qu'avant de me livrer la maison, il soit dressé un état de lieux : jusques là, je ne puis répondre de rien, car j'erre dans la maison, j'y suis campé, et je n'y habite et n'y commande pas. Je ne cesse sur tous ces points de presser M. Delpech, mais je n'avance à rien : il m'assure n'avoir pu trouver de navire en chargement pour Rouen ou le Hâvre, et déjà je lui en ai montré dans le Journal, quatre partis depuis mon arrivée. Vous en avez ci joint la note.

(*d*) Je ne lui avais donc pas encore loué ma maison.

§. VII. Vous me dites que vous ne répondez de rien chez moi.

N'aurait-il pas été plus poli et plus régulier de faire cette déclaration avant de vous installer dans ma maison; d'en prendre, à mon insu, possession absolue? Je dis à mon insu, car vous pensez bien que lorsque je vous ai permis de descendre chez moi, je n'ai pu imaginer qu'en y arrivant vous chasseriez mon fondé de pouvoirs; que vous vous permettriez de déplacer tous mes papiers de mes cartons pour y placer les vôtres; que vous ne voudriez pas même souffrir que M. Delpech se réservât un seul tiroir de mon propre bureau pour y renfermer le portefeuille qui contenait toutes mes valeurs. Certes, si pareille idée m'était passée par la tête, je l'aurais repoussée comme très-injurieuse pour vous; et si j'avais été forcé de l'adopter, j'aurais eu soin de vous épargner des torts aussi graves.

Vous me dites que vous n'habitez point ma maison; cependant vos bureaux, votre caisse y sont; vous avez pris possession de tous mes appartemens; vous couchez

§ VIII. Passons à des points plus importans.

M. Delpech paraît s'occuper beaucoup de votre comptabilité, car toutes les fois que je demandais un renseignement ou un travail, on m'objectait votre comptabilité. Cependant les employés sont à ma charge depuis le premier de janvier, et il était nécessaire que le service marchât. J'ai exigé que pendant les heures des bureaux, les principaux employés s'occupassent du service courant, et que lorsque le travail serait à jour, et le soir, ils travaillassent à la vôtre. M. Delpech avait pris deux employés auxiliaires à votre compte, j'en ai pris deux autres à mon compte, en vous laissant libre de déterminer l'indemnité que vous croirez devoir m'accorder pour les travaux extraordinaires. (e)

(e) M. Bricogne a eu la délicatesse de me demander, pour ce travail, qui n'exige que quelques heures par jour de deux commis, la moitié de tous les frais de la recette générale. Sa lettre est au ministère.

dans mon lit, dans mes draps; vous ne vous servez pas d'un meuble qui ne m'appartienne; vous n'avez pas un de mes domestiques qui ne vous serve: que faut-il donc pour constater l'habitation?

§. VIII. Je savais que les appointemens de la recette générale étaient à votre charge, depuis qu'elle est à votre profit : vous pouviez vous dispenser de me le dire; mais je dois vous apprendre qu'on n'a jamais vu de receveur-général ne point permettre aux commis de la recette de donner leurs soins à la reddition des comptes de son prédécesseur. Eux seuls possèdant les élémens de ce travail, ils peuvent le terminer dans peu, sans que le service courant en souffre. Toute transmission à des mains nouvelles serait nuisible au bien du service : aussi les instructions du ministère prescrivent-elles à tout receveur-général de s'occuper du compte final de celui à qui il succède. En vérité, Monsieur, en voyant votre exigence, on vous croirait peu instruit des règles de la comptabilité.

Je dois ajouter qu'un receveur-général qui se respecte ne permet point que ses anciens commis lui sacrifient une partie de leur temps sans leur en accorder le salaire. Ainsi, Monsieur, si vous les payez pour le travail que vous leur commandez, je les paye pour celui qu'ils m'accordent, et je ne me croirais pas quitte envers eux, si je n'ajoutais à l'argent que je leur donne, un tribut d'affection et de gratitude. Ne vous étonnez donc point de l'ardeur avec laquelle ils se livrent à la comptabilité qui me concerne. Si vous êtes jaloux de concevoir comment je la leur ai inspirée, interrogez-les : ils vous diront que j'ai eu moins besoin de générosité que de bienveillance et de justice.

§ IX. Je ne puis m'expliquer la conduite de M. Delpech sur tous ces points envers moi, que par l'excès de son regret de vous perdre et par son état maladif et affaibli. Arrivé le 24, je voulais reprendre le service le 25 ; cela lui a paru impossible. J'ai par condescendance différé, me bornant à déclarer que s'il ne cessait de fait, son intérim cessait de droit le 25. J'attendais des renseignement, des explications, de l'empressement, de la déférence (*f*). Sans les renseignemens que vous avez eu la bonté de me donner à Paris et dont je vous renouvelle mes remercîments, et sans ceux que j'ai recueillis moi-même, j'ignorerais encore jusqu'aux noms et aux traitemens des employés.

§ X. Parmi plusieurs procédés plus étranges les uns que les autres, je vous dirai que la veille de mon arrivée M. Delpech a retiré 150 à 200,000 fr. de la caisse, pour le remboursement des bons qu'il avait émis. Il eût été plus poli et plus régulier de ne pas me supposer assez absurde pour refuser le paiement d'engagemens dont le produit avait été versé au trésor (*g*). Il eût d'ailleurs été à temps de faire cette retenue en me remettant le service.

(*f*) M. Bricogne avait déjà traité M. Delpech avec la plus grande indécence, le style de M. Bricogne le prouve ; il n'était donc pas étonnant qu'on ne mît aucun empressement à se rapprocher de lui.

(*g*) On saura à la fin de cette lettre, que cette supposition n'avait rien d'absurde, et que M. Bricogne refusa le paiement de quelques-uns de mes engagemens.

§. IX. M. Delpech ne peut éprouver le regret de me perdre ; il ne me quitte point, vous le savez, car j'ai eu le soin de vous en instruire ici. Je sais que sa santé a besoin de repos : l'excès de travail l'a altérée. J'aurais bien voulu que sa situation, dont vous vous êtes si facilement aperçu, vous eût porté à le ménager.

§ X. Le retrait des fonds qui vous a paru étrange était commandé par la prudence et l'honneur. Pour assurer le service, M. Delpech avait pris des engagemens ; il ne devait, sous aucun prétexte, en laisser l'acquit à la merci de personne. Vos discussions actuelles justifient pleinement cette prévoyance, car il vous aurait suffi de lui faire craindre de ne point acquitter le moindre de ses engagemens, pour le réduire au désespoir et le forcer à souscrire à tout ce qu'il vous aurait plû exiger de lui. Il devait d'autant moins s'exposer à ce risque, que sa signature compromettait la mienne. Tant qu'il est mon fondé de pouvoirs, la sienne ne peut souffrir que la mienne ne souffre. Je suis surpris que votre sagacité ne vous ait point suggéré cette réflexion.

§ XI. A peine arrivé, il exige que je prenne l'engagement de lui accorder la moitié des bénéfices. J'ai offert de régler immédiatement à forfait ou sur ce pied, d'après un compte ou un aperçu pour les 24 premiers jours, ou dès qu'il serait produit; si d'ailleurs il n'y avait aucun bénéfice irrégulier ou extraordinaire mal-à-propos imputé à ces 24 jours.

§ XII. Il lui fallait des engagemens et des actes sur lesquels il pût plaider et chicaner sans fin. J'ai dû, pour éviter ces pièges, lui déclarer que je m'en tenais aux droits réciproques résultants des instructions.

Il a fait au procès-verbal de remise une réserve dont je vous remets ci-joint copie, ainsi que de ma réponse. Je m'abstiendrai de tout commentaire. Je ne lui ai pas laissé ignorer que son avidité (*h*) le tromperait étrangement, et qu'il ne devrait s'en prendre qu'à lui-même, s'il n'obtenait beaucoup moins que je n'étais disposé à lui accorder.

§ XIII. Au surplus, Monsieur, malgré les vifs sentimens de mécontentement et d'impatience qu'il m'a fait éprouver dans les premiers jours, et à tout instant, je me suis toujours souvenu qu'il vous représentait et que vous aviez droit à tous mes égards.

§ XIV. Mais ne pourriez-vous pas lui mander de se dépêcher? il me paraît nécessaire :

1°. Pour faire emballer et expédier vos meubles que vous demandez.

(*h*) Je dois rendre hautement cette justice à M. Delpech, je n'ai jamais connu d'homme plus loyal, plus probe et moins avide; je suis convaincu que les chefs des premières administrations du gouvernement avec lesquels il est en rapport depuis vingt ans, lui rendraient avec moi ces honorables témoignages.

§ XI. M. Delpech avait le droit d'exiger la moitié des bénéfices de la recette, pendant sa gestion intérimaire. J'avais réglé avec vous ici son intérêt sur cette base. Ce ne fut que sur votre adhésion bien formelle que je lui en donnai l'assurance. Qu'elle impression n'a-t-il pas dû éprouver quand vous lui avez déclaré que vous n'aviez point fait cette promesse? J'en juge par l'impression que j'éprouve moi-même (c).

§ XII. Il ne lui fallait pas des actes sur lesquels il pût plaider et chicaner. Peut-être a-t-il cru qu'il lui en fallait pour n'être ni chicané, ni attaqué avec désavantage.

§ XIII. Je suis forcé d'avouer que ce langage est en opposition avec les procédés que vous avez fait subir à M. Delpech. Je me plais à croire que vous n'auriez point songé à me les faire éprouver à moi-même.

§ XIV. Je vous réitère que je ne veux ni vendre ni louer ma maison, ni aucun de mes meubles. Comme vous ne voulez répondre de rien de ce qui s'y trouve, et que tout

(c) Voici ce que M. Delpech m'écrivait à ce sujet:
« M. Bricogne me menace de méconnaître les conditions arrêtées entre
» vous et lui sur mon traitement, si je m'oppose à la moindre de ses vo-
» lontés. Cet homme me connaît bien mal ; il ne sait point que j'aimerais
» mieux perdre tout le peu que je possède, que de trahir un seul de mes
» devoirs. Cette perte serait bien rude pour ma famille et pour moi ; votre
» estime et celle du public m'en consoleraient. »

2° Pour faire faire l'état et l'estimation des meubles que vous laissez et que je vous prends.

Tout cela devrait être fini; et du train dont il va ce ne sera pas fait dans trois mois.

3°. Il y aura à faire un état de lieux et à me mettre en possession.

4°. Il faudra mettre en état les pièces en dégradation, ou en réparation si vous voulez *louer à moi ou à tout autre.*(1)

Ne pourriez-vous pas en charger tout autre que M. Delpech, sans quoi vous n'aurez jamais ni état de lieux, ni travaux terminés, ni locataires.

Si vous voulez vendre, je resterai campé dans votre maison jusqu'à la St.-Michel, sans répondre d'un état de lieux, qui n'aura pas été constaté; on y veillera cependant comme si j'en étais chargé. Nous nous en entendrons à Paris; car je renonce à m'expliquer avec M. Delpech, qui du jour au lendemain dénature les expressions et chicane sur de faux souvenirs.

§ XV. Quant à votre comptabilité, ne pourriez-vous pas en charger M. Pasquier ? J'y veillerais moi-même; vous n'y perdriez rien et j'y gagnerais beaucoup d'ennui de moins. Pour vos affaires particulières, la présence de M. Delpech à la recette générale n'est pas nécessaire, et je lui donnerai toutes les facilités qui pourront dépendre de moi.

---

(1) Preuve bien évidente que je n'avais pas loué à M. Bricogne, puisqu'il reconnait que je pouvais louer à tout autre.

y est à votre merci, j'ai déjà donné ordre à M. Delpech de s'en remettre en pleine possession (*d*).

§ XV. Je vous remercie de cette surveillance : elle serait aujourd'hui trop pénible. M. Pasquier s'étonnerait d'ailleurs d'avoir un surveillant; ses services passés m'ont prouvé que je devais avoir en lui pleine confiance. Je suis fâché des ennuis que la présence de M. Delpech vous cause : je ne puis point vous en affranchir. Il me semble qu'il vous était facile de vous en affranchir vous-même. Quelle convenance trouvez-vous d'ailleurs à me dire du mal d'un homme que vous savez que j'affectionne, et qui le mérite à tant de titres?

(*d*) Après pareille déclaration, quel est l'homme qui serait resté dans ma maison?

§ XVI. J'ignore encore les noms et gages des portiers et domestiques. J'ai voulu voir combien de temps M. Delpech mettrait à m'en informer. Je n'ai su ceux des employés qu'en demandant, après huit jours d'attente, une copie du dernier état d'émargement qu'il hésitait à me donner, parce que, disait-il, c'était une pièce de votre comptabilité particulière. Combien, Monsieur, vous avez été plus indiscret avec moi! vous en serez blâmé.

Voilà, Monsieur, une bien longue lettre qui vous participera une partie des ennuis qui m'assiégent; mais j'ai cru devoir vous prier de régler tous ces points d'accord entre nous et directement, afin d'éviter les malentendus et les fausses interprétations dont vous avez peut-être été déjà assailli.

§ XVII. *P. S.* J'oubliais de vous dire que plusieurs appartemens du second sont occupés par les portiers et domestiques, leurs enfans, parens et amis, qui couchent sur vos matelats, lits de plume, etc., dans vos draps et couvertures, et sur des lits d'acajou. J'en ai témoigné mon étonnement: cela continue, et ne cessera probablement qu'à mesure que le mobilier restant me sera vendu et que je serai mis en possession des appartemens dont je n'ai pas même les clefs.

§ XVIII. Nouvelle farce de M. Delpech. Il a pris 5,218 fr. 31 c. pour ses bénéfices, par m/c de fonds particuliers, sans me présenter aucun compte et sans autorisation. Je m'en aperçois à l'instant.

§ XIX *et dernier*. M. Delpech vous aura sans doute rendu compte que sur sa demande du 31 j. (ce qui était bien tard), j'ai consenti par ma lettre du 1er février à vous ouvrir un compte avec intérêts réciproques à 5 o/o.

§ XVI. M. Delpech a senti qu'il ne devait point vous faire connaître les gages de mon portier et de mes domestiques. Il aurait craint, à tort sans doute, que vous ne fussiez tenté de les payer. Son silence a dû vous faire sentir que ce soin me regardait et que vous étiez chez moi.

§ XVII. Je savais tout cela et n'étais point fâché que ces pauvres gens goûtassent un peu d'aisance. Je me suis toujours complu à laisser couler un peu de ma fortune : le ciel m'en a constamment récompensé. Je serais bien ingrat si je changeais d'allure. Ah! ne l'espérez pas : je sens trop bien que la chose du monde la plus vilaine c'est la vilainie. Il en est une plus vile encore : c'est de médire des personnes qui nous servent gratuitement.

§ XVIII. La retenue de cette somme ne doit point vous surprendre : plus M. Delpech a été convaincu que vous méconnaissiez vos promesses, plus il a dû en assurer l'exécution.

§ XIX. Je ne vois point de quel droit vous exigez que M. Delpech vous confie tous les fonds que j'ai laissés à sa disposition. Il m'a rendu compte des motifs qui l'ont porté à en placer une partie chez M. Pascal et compagnie;

J'ai dû en écarter une somme de 34,000 fr. qu'il offrait de me verser le 1er et de reprendre le 4, et dont je n'aurais pu rien faire. Il m'a dit qu'il les ferait placer ailleurs, j'en ai conclu qu'il avait d'autres fonds ; mais je supposais que c'était en portefeuille. Hier, j'ai appris qu'il avait un compte courant à 4 fr. p. o/o chez M. Pascal. Je dois être votre seul correspondant ou je ne dois pas l'être du tout, autrement votre position et la mienne seraient tout-à-fait fausses. Ainsi dans le moment actuel M. Delpech est naturellement porté à faire ses paiements chez M. Pascal et ses versements chez moi pour profiter de la différence des intérêts. Il est même possible qu'il appelle cela de l'habileté, quand ce n'est que de la petitesse et de la mauvaise foi. Je voulais lui dire ou lui écrire qu'il m'avait trompé ; que n/c ne serait qu'à 4 pour cent tant qu'il aurait un compte à ce taux chez M. Pascal. Je préfère, Monsieur, vous le mander directement et je ne doute pas que vous n'improuviez cette manière d'agir. Ce sera au surplus bientôt chose publique à Marseille, car tantôt je paierai pour votre compte, tantôt M. Pascal. Je serai même dans la nécessité de refuser des engagemens souscrits, payables à la recette générale. Je l'ai déjà fait. J'aurai l'air d'une dupe, et M. Delpech d'un sot peu délicat. Faites cesser je vous prie, monsieur, de pareils procédés et de telles pratiques, auxquels votre raison supérieure et votre tact des convenances répugnent entièrement. Peut-être M. Delpech, dira-t-il, (car il faut prévoir de sa part toutes les subtilités) que le compte du fondé de pouvoirs de M. Collot est chez moi, et celui de l'intérimaire chez M. Pascal. La place et moi ne peuvent se payer de cette subtilité ; les inconvéniens restent les mê-

je les approuve. Quand vous avez cru y découvrir inconvénient ou inconvenance, pourquoi n'avez-vous pas rendu sur-le-champ à M. Delpech, les fonds que vous en avez reçus ? Je le prie de les retirer, après s'être concerté avec vous sur ce retrait.

Je viens de répondre à tous les articles de votre lettre : j'avoue que cette tâche est trop pénible pour la reprendre ; je suis donc obligé de vous dire que si je recevais une seconde lettre de vous, j'attendrais que vous fussiez à Paris pour vous apporter ma réponse.

mes, et on ne voit que M. Collot dans son fondé de pouvoirs.

Voici maintenant la lettre de M. Delpech adressée au rédacteur du *Mercure Marseillais*.

Marseille, le 18 mars 1822,

Monsieur,

J'apprends que M. Bricogne aîné, receveur général, a remis au trésor royal, par sa lettre du 22 février dernier, n.° 149, les trois effets suivans :

F. 4,000 ⎫
   3,000 ⎬ Traites de M. Vidal, du 6 février, à 130 jours, ordre Delpech, sur M. Collot à Paris.
   1,994 ⎭

Voici les expressions dont M. Bricogne a accompagné cette remise au trésor :

« J'ai pris ces traites de MM. Lafon et Comp.e sans garantie : c'est ainsi qu'elles circulent ici. Personne ne les garantit. Sachez si M. Collot s'engage à accepter toutes celles qui sont fabriquées ici par MM. Vidal et Delpech. »

« Je vous envoie celles-ci pour échantillon. Il me sera facile, si vous le désirez, de m'en procurer des sommes considérables, car on porte de 600 à 700,000 fr. la quantité qui en est émise par trimestre sur la place, pour y entretenir la circulation que M. Delpech continue à y soutenir par ordre et pour compte de M. Collot. »

Je vous prie, Monsieur le rédacteur, de rendre publique, par votre journal, la déclaration que je crois devoir faire sur cette nouvelle calomnie de M. Bricogne : cette publicité est commandée par celle qu'il a donnée le premier à de semblables mensonges débités par lui en pleine audience devant le tribunal civil.

JE DÉCLARE qu'il n'y a jamais eu sur la place de Marseille ni sur toute autre, *du papier de circulation* de M. Collot, ni de moi, son fondé de pouvoirs;

Qu'il n'a été émis que pour une somme de CENT MILLE FRANCS de traites pareilles aux trois effets montant à fr. 8,994 remis par M. Bricogne au trésor royal et désignés dans sa lettre que je viens de citer;

Qu'elles ont été émises seulement d'après la demande des preneurs, motivée sur les convenances du commerce, pour faciliter l'acquit des droits de douanes et sur la difficulté de s'en procurer à des échéances éloignées; en ce que ces échéances à longs termes, telles qu'elles sont fixées pour le paiement des droits, sont hors des limites ordinaires des relations de banque;

Que ces traites avaient été négociées à la date du 6 février et au cours le plus avantageux de la place à cette époque;

Que jamais auparavant, ni depuis, je n'en ai émis de pareilles.

JE DÉCLARE que plusieurs des premières maisons de Marseille m'ont demandé et me demandent encore, nonobstant les allégations publiques de M. Bricogne, de ce même papier, que j'ai refusé par le seul motif que je n'avais plus d'emploi de fonds.

J'ajoute avec pleine assurance que ces maisons auraient pris et prendraient ce papier avec autant de sécurité que s'il eût été revêtu de la signature de M. Bricogne et au cours assigné aux valeurs du premier ordre.

J'ai la certitude de n'être démenti, ni contredit par aucune des maisons qui tiennent un rang distingué dans le commerce de cette ville.

Je défie M. Bricogne d'obtenir ce démenti avoué ou signé d'une seule de ces maisons, soit verbalement, soit par écrit.

Je m'asbtiendrai de toute réflexion sur sa lettre au ministre des finances. Le public jugera de l'esprit qui l'a dictée.

Ce public a déjà connu par quelles pratiques M. Bricogne était parvenu à se procurer les traites qu'il a remises au trésor royal ; tout le commerce de Marseille a été en effet informé que, pour obtenir ces traites des donneurs, il a emprunté le nom d'une maison respectable et s'est servi de l'entremise d'un agent de change, l'un et l'autre abusés par des prétextes spécieux ; que les traites n'ont pas été prises par M. Bricogne de MM. Lafon et Comp.ᵉ *sans leur garantie*, comme il a osé l'affirmer : qu'elles ont été au contraire sollicitées de MM. Pascal fils et Compᵉ *pour compte et d'ordre direct* de M. Bricogne, par l'entremise de M. Almaric, agent de change, *sous le nom interposé* de MM. Lafon et Comp.ᵉ sollicitées même avec instance sous la condition imposée, non par *les cédans*, mais PAR LE PRENEUR : que *les donneurs seraient affranchis de toute garantie* ; enfin obtenues de ceux-ci à un cours même plus élevé que le cours ordinaire des valeurs du premier ordre ; cédées à titre d'obligeance, par considération pour MM. Lafon et Compᵉ, et par égard pour l'agent de change qui avait décliné cette dernière maison comme preneur.

Le lendemain du jour même où M. Bricogne se permit, en pleine audience, d'attaquer le crédit de M. Collot, le commerce de Marseille fut informé des manœuvres qui avaient mis le premier en possession de ces traites ; je n'en fus informé moi-même que par la notoriété publique et par l'empressement des maisons qu'on avait si étrangement *abusées*, à m'en témoigner publiquement leurs regrets envers M. Collot.

Il est notoire et facile à prouver, juridiquement que MM. Lafon et Comp^e n'ont eu aucune autre part à cette négociation que celle de consentir à ce qu'il fût pris du papier sur Paris, sous leur nom ; que les traites dont il s'agit n'ont jamais été entre leurs mains ; qu'elles n'ont été ni portées dans leurs écritures, ni payées à leur caisse ; qu'elles n'ont pas, par conséquent, été cédées par eux à M. Bricogne, comme il l'a affirmé.

Il est notoire, à Marseille, que M. Bricogne a fait solliciter directement, pour son compte, la cession de ces traites de MM. Pascal fils et Comp^e, sous le nom interposé de MM. Lafon et Comp^e et sous la condition EXPRESSÉMENT IMPOSÉE PAR LUI *qu'elles lui seraient livrées* SANS AUCUNE GARANTIE *de la part des donneurs.*

Déjà indisposé par la connaissance de ces premières manœuvres tramées avec une préméditation aussi profonde, le public sera encore bien mieux à portée de juger de la considération due à M. Bricogne, lorsqu'il aura appris avec qu'elle perfidie cet agent public a inventé, provoqué et exécuté lui-même des opérations qui pussent servir de prétexte à attaquer le crédit de M. Collot, à dénoncer sa signature au ministère comme infirmées ; avec qu'elle impudeur il s'est ensuite le premier porté dénonciateur de ces mêmes opérations, tant devant le tribunal civil qu'auprès du ministère.

Je livre donc l'auteur de ces manœuvres au jugement de ce public impartial; je me réserve seulement de prouver, dans mes poursuites criminelles contre M. Bricogne, que les assertions par lui publiquement faites aux audiences du tribunal civil de cette ville, et celles données au ministère par sa lettre du 22 février, n.º 149, sont de toute fausseté et sciemment calomnieuses.

Je réserve encore à M. Collot, mon commettant, toutes poursuites et tous dommages-intérêts contre M. Bricogne à raison de calomnies dont il a osé se rendre coupable.

J'ai l'honneur, Monsieur, de vous saluer, avec une considération très-distinguée.

DELPECH,
Fondé de pouvoirs de M. Collot.

PÉRORAISON.

Je me dispenserai de toute réflexion sur cette lettre. Mon fondé de pouvoirs y déclare, de la manière la plus expressive, que M. Bricogne est un calomniateur. Il le déclare à la face de toute une ville où chaque habitant notable peut apprécier une aussi grave inculpation. Il défie M. Bricogne de trouver un seul témoignage qui se lève pour l'infirmer. J'atteste moi-même que sa calomnie est bien préméditée, qu'il en connaissait toute la culpabilité.

Voilà, je pense, un fait grave; j'en produirai de plus graves encore. A présent, M. Bricogne, nous direz-vous qu'il me sera difficile de publier un mémoire sérieux sur cette cause? Quoi! le mensonge, la calomnie, les spoliations, l'abus de la force armée, ne seraient à vos yeux que des actes sans importance! Les tribunaux vous désabuseront.

Arrêtons-nous sur votre calomnie. Quel en a été le fruit? Vous espériez paralyser mon crédit, mettre obstacle au remboursement de mon cautionnement et des fonds qui me sont dus par le trésor, et me priver par cette trame des moyens de remplir les nouvelles fonctions qui me sont confiées et qui exigent des ressources considérables. Hé bien? ces coupables espérances ont été déçues; vous l'avez vu : les premières maisons de Marseille sont venues spontanément m'offrir tout crédit; le trésor m'accordait mon remboursement. Pour prouver l'impuissance de vos attaques, je n'ai accepté ni l'un ni l'autre; ainsi, loin de nuire à ce crédit, vous l'avez fait connaître. Etes-vous sûr de n'avoir pas porté atteinte au vôtre? que diront vos correspondans en lisant ces pages? que diront vos collègues? que dira surtout votre administration? Je ne m'appesantirai point sur ces réflexions : elles seraient accablantes. Dans nos mœurs il n'est point permis de battre un ennemi à terre; vaincu on lui doit secours : je viens vous offrir le mien; ce secours sera de simples conseils, puissent-ils être salutaires!

Vous avez pensé que pour parvenir dans le monde il fallait y faire du bruit. Peu propre à briller dans nos camps, vous vous êtes armé d'une plume, et vous l'avez exercée contre des noms célèbres, pour obtenir quelque célébrité. Vous y êtes parvenu par ce manége, il vous a fait une petite renommée; mais de quelle nature? Si vous entendiez les discours qui frappent mon oreille, vous en seriez affligé. Les hommes les plus sages, les plus éminens, me crient : Châtiez! Comment avez-vous pu assembler contre vous tant de voix respectables ? Hâtez-vous de les appaiser. Renoncez à vos erreurs passées. Dépouillez tout sentiment de jalousie, de colère, de haine, d'orgueil; abjurez surtout le mensonge et la calomnie. Ces vices sont si bas! Voyez où ils vous ont réduit. Montrez un véritable repentir de tant de péchés. Déclarez que le châtiment qu'ils vous attirent est bien mérité. Offrez à Dieu, vous qui vous dites pieux, le sacrifice de vos ressentimens. Profitez de ce saint temps de pénitence pour lui demander grâce. Couvrez-vous d'un cilice, condamnez-vous au silence, recevez surtout avec reconnaissance ces conseils charitables, et méritez par cette humilité, indulgence plénière et parfaite absolution. Sur ce, je vous donne la mienne.

COLLOT.

www.ingramcontent.com/pod-product-compliance
Lightning Source LLC
Chambersburg PA
CBHW061011050426
42453CB00009B/1368